Carl Budich

Witze aus Ostpreußen

Husum

Umschlagbild: Ernst Bischoff-Kulm, „Von der Arbeit – Ostpreußische Dünenlandschaft 1908“
(Abdruck mit freundlicher Erlaubnis der Ostdeutschen Galerie Regensburg)

CIP-Kurztitelaufnahme der Deutschen Bibliothek

Witze aus Ostpreussen / Carl Budich. –
2. Aufl. – Husum : Husum Druck- und Verlagsges., 1984.
(Husum-Taschenbuch)
ISBN 3-88042-159-5
NE: Budich, Carl (Hrsg.)

2. Auflage 1984

Satz: Fotosatz Husum GmbH
Druck und Verarbeitung: Husum Druck- und Verlagsgesellschaft
Postfach 1480, D-2250 Husum
ISBN 3-88042-159-5

Das Königsberger Adreßbuch

Im Königsberger Adreßbuch des Jahres 1911 steht vor dem alphabetischen Namensverzeichnis die folgende Anweisung: ,,Die Adressen je eines und desselben Namens sind möglichst derart geordnet, daß Beamte und Militärpersonen zuerst aufgeführt sind, hierauf folgen die übrigen Stände nach dem Alphabet derselben, sodann Faktore, Kutscher und Arbeiter und endlich bilden Witwen und unverheiratete Damen den Schluß.“

Geschenk vom Chef

Elfriede Lyssewski ist Tippmamsell einer Firma in Mohrungen. Heute erzählt sie stolz ihrer Freundin Milli Juschka: ,,Du, Milli, ich glaube, mäin Scheff mag mich läiden!“

– ,,Und woran hast du das jemerkt?“ –

,,Er hat mir wat jeschenkt!“

– ,,Und wat hat er dir denn jeschenkt?“ –

,,Ain scheenes Buch!“ – ,,Un wie häißt denn das Buch?“ –

,,Duden, deitsche Rechtschräibung!“

Alterszeichen

Hannes Bernodat aus Bottau sagt zu seinem Freund: ,,Du, der Emil Brattka ist in der letzten Zäit aber auch alt jeworden!“

,,Daß ich nich wüßte! Wieso ist es dir aufjefallen?“

,,Tscha, wäißt du, neulich war ich mit ihm in der Pelikanklause am Schloßteich. Und da hat er sich doch die Speisekarte länger und mehr angesehen als das schmucke Marjellche von Kellnerin!“

Der Bart und der Kuß

Der Leutnant Paul Skibowski in Allenstein hat wiederholt mit einer jungen Dame getanzt. Er trägt einen schneidigen Schnurrbart und ist auch sonst ziemlich eingebildet. Nun gelingt es ihm, seine Partnerin in einer verschwiegenen Ecke des Lokals zu küssen. Danach sagt er: „Finden Sie nicht auch, jnädiges Freilein, zu äinem richtigen Kuß jeheert äin Bart! Äin Kuß ohne Bart ist wie äin Ei ohne Salz!"

„Ich wäiß nicht", antwortet das Fräulein, „ich habe noch nie . . ."

„Was?" unterbricht der Leutnant sie, „Sie haben noch nie jeküßt?"

„Ich habe noch nie äin Äi ohne Salz jejessen!"

Kleine Sprachprobe

Hier eine kleine Sprachprobe, wie man zu Anfang unseres Jahrhunderts in Ostpreußen deutsch schrieb. Es sind die 1903 geschriebenen Zeilen eines Musketiers aus dem Kreise Kosten: „Ich Muskatier Przewozny Ignacz, Son des Arbeiters Stanislaus Przewozny, ich bin geboren am 20. Januar 1882 in Zamyslowo besuch ich zur Scule bis zun 19 Jarhe zu Hause, dann ging ich zum Militär. ich bin kadolisch. ich habe 2 brd. un 1 Schwester. 1 bruder ist verheiraten."

Der Apfel fällt . . .

„Du, Papi, Tante Martha hat zu mir gesagt: Der Apfel fällt nich weit vom Stamm. Was bedeutet das?"

„Das bedeutet, daß du dich wieder mal schlecht benommen hast, du verflixter Bowke!!"

Theater ist herrlich!

Klaus Kulschewski sagt zu seinem Freund Emil Kaminski, als die beiden sich vor dem Theater in Königsberg am Kreytzenschen Platz treffen: „Du, Emil, so ain Theater is doch was Härrliches!“

„Aber du jehst doch jarnicht ins Theater, Emil!“

„Ich nich – aber mäine Frau! Und dann bin ich doch dieses olle Blubbermaul von Tratsche fir äinen Awend los!“

Die schöne Helena

Otto Stankewitz in Juditten bei Königsberg hat sich bis über beide Ohren in die schöne Helene Jakubowski verliebt. Er ist von Beruf Lehrer und sagt nun zu ihr: „Wäißt du ibrigens, main Liebchen, daß es im Altertum eine Tochter des Gottes Zeus jab, die auch däinen Namen führte?“ (Er dachte an die schöne Helena.)

Da sagt seine Freundin: „Dat is ja intressant zu hören, dat et in so olle Zäiten schon den Namen Jakubowski jab!“

Was ist ein Geist?

Eine berühmte Weinstube im Keller des alten Königsberger Schlosses führt den etwas schauerlichen Namen „Das Blutgericht“. Nun saßen ein paar Männer da und tranken ihren Wein. Da sagte der eine, Rolf Pogodda aus Krekollen: „Du, Paule, wat is äijentlich äin Jäist?“

„Dat will ich dir jenau verklarementieren. Äin Jäist is äine unsichtbare Person, die du nur bäi Nacht im Dunkeln sähen kannst!“

Sein Stolz

Egon Charchulla in Endruscheiten bekommt Besuch von seinem alten Schulkameraden Joachim Sembritzki aus Fischhausen. Er zeigt ihm ein Foto seines Sohnes, der in Königsberg studiert, und sagt voller Stolz: „Du, Achim, schau dir dies Bild von mäinem Sohn mal jenau an! Sieht er nicht aus, als wäre er äin Hohenzollernprinz? Ja, er hat jroße Ähnlichkäit mit unserem Kronprinzen! Die Nase, die Jesichtsform und so!"

„Warum sollte er nicht?" antwortet Achim. „Wenn ich dich ansehe, muß ich auch an äinen berimten Mann denken!"

„So? Und an wän denn?"

„Ja, wenn ich dich seh, muß ich immer an Darwin denken!"

„An Darwin? Den kenne ick nich. Wer war dat denn?"

„Darwin war äin janz jelehrter Forscher, der behauptet hat, dat die Menschen vom Affen abstammen!!"

Ihr Foto

Marga Mrotzek in Postnicken zeigt ihrer Freundin Lotte Maurischkat ein Foto von sich und sagt: „Du, Lotti, die Anneliese Lukat mäint, daß ich uff diesem Foto häßlich und superdoof ausseh! Was mäinst du?"

„Ich finde, das Bild ist dir aber sähr ähnlich jeworden!" antwortet die Freundin.

Ein paarmal Wäsche

Lina Lipski in Reimerswalde bildet sich viel darauf ein, daß sie immer pük und sauber und adrett gekleidet ist. „Es kommt sojar vor", sagt sie zu ihrer Freundin Karla Wilutzki, „daß ich an äinem Tag die Wäsche wechseln tu!"

„Äin paarmal andre Wäsche an äinem Tag habe ich schon als Kind, als kläiner Wabbel, anjezojen jekriegt, als ich nämlich noch in der Wieje lag!" gnuddert die Freundin.

Nach dem Verhör

„Na, das lange Verhör hat sie wohl ziemlich mitgenommen?" fragt der Verteidiger seinen Mandanten in Elbing.

„Oh näin", lautet die Antwort, „oh näin, Herr Dukter, solche Frajeräi bin ick von Zuhause jewohnt. Ich bin nämlich ieber zwanzig Jahre verhäiratet!"

Der Sandhaufen

Auf dem Hof der Trainkaserne in der Kronenstraße in Königsberg liegt ein Haufen Sand. Nun hält ein Leutnant den Rekruten Bartoschewitz an und sagt: „He, Sie da! Schaufeln Sie diesen Haufen Sand mal fix weg!" – „Und wo soll ich den Sand denn hinschaufeln?" fragt der Rekrut.

Da antwortet der forsche Leutnant: „Machen Sie neben den Sandhaufen ein Loch, und da schaufeln Sie den Sand einfach hinein, Sie Dämelsack!"

Die halbe Familie

Christian Mrotzek in Perkuiken sitzt im Lehnstuhl und liest die Zeitung. Nun sagt er zu seiner Frau: „Hör mal zu, mäin Trautsterche, hier ist ja wohl äine halbe Familie in äins jestorwe, totjebliewe! Hier steht: Es hat Jott im Himmel jefallen, mäine liebe Frau, unsere Mutter, Schwiejermutter, Schwäjerin, Tante und Jroßmutter Aujuste Adomait zu sich zu nehmen!"

Halleluja!

Der Lehrer Konrad Klimkeit in Wehlau ist dabei, mit einer Gruppe von kleinen Schülern ein Lied einzuüben. Aber viele von den Kleinen kriegen das Wort Halleluja nicht richtig heraus. Darum sagt der Lehrer: „Ihr kleinen Glumsköppe! Nun merkt euch das doch mal endlich: Es heißt halleluja und nicht lujehalla!!"

Seine Schwägerin

Walter Paprotta in Mohringen ist Witwer geworden und heiratet nach einem halben Jahr wieder, und zwar die Schwester seiner ersten Frau. Da fragt ihn sein Freund Bernhard Senkowski: „Warum hast du denn ausjerachnet däine Schwäjerin jehäiratet? Die hat dir wohl schon immer jut jefallen, wat?"

„Näi", gibt Walter zur Antwort. „Die habe ick bloß jenommen, wäil ick nich noch äine zwäite Schwiejermutter haben wollte. Näi, an äinem solchen Zampel habe ick völlig jenug!"

Der gestohlene Kinderwagen

Ein Dienstmädchen namens Anna Kamutzki hat vor einem Schlachterladen in Lötzen ihren Kinderwagen an die Seitenwand des Hauses gestellt und ist dann in den Laden gegangen. Als sie wieder herauskommt, liegt das Kind auf dem Fußsteig, aber der Wagen ist verschwunden. Großer Zusammenlauf, großes Palawer.

Da sagt ein Mann: „Das will ich Ihnen jenau sajen, wie das kömmt, liebes Marjellche! Denken Sie mal selber nach! Äin Kind ist heitzutage viel läichter und auch viel billijer zu kriejen als äin Kinderwagen!!"

Ein Teller Suppe

Werner Mikeleit aus Rogau kehrt in Lauterhagen in einem Gasthof ein, und nachdem er sein Tulpche Bier getrunken hat, bestellt er einen Teller Suppe. Nach dem ersten Löffel sagt er zum Kellner: „Herr Ober, die Suppe, die Sie mir jebracht haben, ist ja nur lauwarm! Bringen Sie mir bitte einen Teller häiße Suppe!"

Da sagt der Kellner: „Se wollen woll, dat ick mir den Daumẹn vabrenne, wat?"

Ordentlich jewaschen?

Tante Anna Buttgereit in Domnau ist immer sehr pinselig und etepetete. Ihre Katze Muschili ist ihr ein und alles. Als sie einmal Besuch von ihrer Nichte Rosi Kurbuweit aus Platzdorf kriegt, will Rosi die Katze gern auf den Arm nehmen. Da ruft die Tante: „Mäin Rosiläin, jeh erst nach draußen und wasch dir jeheerig die Hände! Danach darfst du mäin Kätzke Muschili dann auch auf den Arm nehmen!"

Gesangsprüfung

Die Tochter des kleinen Beamten Otto Kulessa in Trankwitz singt eben so gern wie schlecht. Sie bildet sich aber viel ein und träumt davon, zur Bühne zu gehen und dereinst eine berühmte Operndiva zu werden. Der Vater läßt sie endlich von einem Fachmann, Paul Rutkowski aus Rothenstein, prüfen. Nachdem dieser sie eine Weile angehört hat, winkt er ab und sagt: „Herr Kulessa, bei den großen Rosinen, die Ihre Tochter im Koppe hat, sollte sie lieber und basser äinen Krämerladen eröffnen!"

Früh morgens

Der Jäger Willi Wierutsch aus Löwenhagen hat die Nacht mit seinen Freunden im Krug verbracht und kommt erst früh morgens nach Haus. Seine Frau wacht auf und sagt: ,,Aber, Willi, warum biste denn schon so früh uffjestande? Willste denn schon widder uff Jagd? Du mußt auch an däine Jesundhäit denke! Schlaf doch ruhig noch ee biske länger!"

,,Hascht recht, mei Trautsterche", sagt Willi da, zieht sich aus und haut sich müde in die Klappe.

Beim Schwimmlehrer

Der Schwimmlehrer Rudolf Kamrau in Palmnicken sagt zu Otto Rosiak: ,,Na, haben Sie sich gut an mäine Anwäisungen jehalten, die wo ich Ihnen jab, Herr Rosiak?"

,,Näin, jestern nich! Da hab ich mich lieber am Bootsrand festjehalten!"

Der Portier

Der Geschäftsreisende Georg Gogolla aus Insterburg drückt beim Verlassen des Hotels ,,Baltischer Hof" in Memel dem Portier einen Fünfmarkschein in die Hand und sagt: ,,Da, dat trinken Se man uff mäine Jesundhäit!" ,,Vorijes Mal, als Se hier waren, da habe ick zehn Mark von Ihnen jekriegt", wagt der Portier zu bemerken.

,,Mäine Jesundheit hat sich inzwischen sähr jebassert!" antwortet der Gast.

Gipfel der Zerstreutheit

Professor Paulat in Königsberg war einer der zerstreutesten Gelehrten, die man sich vorstellen kann. Er selber kannte seinen Fehler recht gut. Eines Tages trat er bei der Witwe Katharina Wischnat ins Haus und sagte: „Jnädije Frau, es ist mir sähr peinlich, Ihnen mitteilen zu müssen, daß ich jestern, als Herr Sadowski seinen Jeselligkeitsabend jab, mich nur aus lauter Zerstreutheit mit Ihnen verlobt habe!"

Im Büro des Chefs

Peter Kummutat in Schellen kommt nach Haus und erzählt seiner Frau: „Heit morje hättste mich mal sehn solle, mäin Frauche! Da bin ich äinfach in unserm Scheff säin Biro räinjerannt, hab mit de Faust uffen Tisch jehaut und hab jerufe: ‚Nu jeben Se uns endlich mal äin besseres Jehalt, Sie pinseliger Gnatzukopp!'"

„Da hast du ja jroßen Mut jezeigt, mäin Peterle. Und wat hat denn der Scheff jesagt?"

„Der hat jarnix jesagt, denn der war an dem Tag ja nicht im Büro!"

Sterritz und Sterriz

In Ostpreußen gibt es zwei Familien, die eine schreibt sich von Sterritz, die andere sich aber von Sterriz. Nun stellt sich in der Gaststätte „Pelikanklause" am Schloßteich in Königsberg ein Leutnant seinem Kameraden so vor: „Sie jestatten, Ewald von Sterritz – mit tz!"

Daraufhin stellt sich der andere so vor: „Hubert von Sterriz mit U!"

Das Dienstmädchen

,,Du, Muttche, unsere Minna ist wohl oft sehr unartig!" sagt der kleine Rudi Olschewski in Scheleken zu seiner Mutter.

,,Warum mäinste denn das, mäin Jungche?"

,,Weil ich schon zwäimal jesehen hab, wie der Pappi ihr äinen Klaps aufs Pooche jejeben hat!"

Es schmeckt ihm nicht

Werner Kalettka in Gallingen hat erst vor kurzem geheiratet. Nun sitzt er am Tisch und ißt Mittag mit seiner jungen Frau. Da sagt er: ,,Du, Herta, heit will mir der Braten aber nicht recht schmecken!"

Herta zieht eine Flunsch und antwortet: ,,Werd bloß nicht pinselig! Dabäi bist du es doch jewesen, der mir dat Kochbuch jeschenkt hat!"

Unzufriedene Frau

Das seit mehreren Jahren vermählte Ehepaar Uschkamp in Rastenburg sitzt im Wohnzimmer. Die Frau lehnt lässig im Sessel, verschränkt die Hände hinterm Kopf und versucht, ihren Mann verführerisch anzublicken. ,,Ach, Willem", seufzt sie dann, ,,frieher war es mit uns bäiden janz anders!"

,,Wieso mäinst du denn das?"

,,Da hast du mich immer mal in den Arm jenommen oder hast mich jesträichelt oder mit bäide Hände jetätschelt!"

,,Im Aujenblick kann ich das nicht", antwortet Willem, ,,du siehst doch, daß ich bäide Hände in de Hosentaschen hab!"

Zwei Fragen

Wolfgang Pietzarka trifft auf der Karlsbrücke in Memel seinen Freund Oskar Gorski. Er fragt ihn: „Sag mal, Oskar, hast du äijentlich däine Freundin von damals, das schmucke Marjellche Paulina Blottwitz jehäiratet – oder mußt du däine Schisseln und Tellers un däin janzes Jeschirr noch immer selber abwaschen und abtrocknen?"

„Auf diese däine bäiden Fragen kann ich nur mit äinem Ja antworten!" grient Oskar.

Mager geworden

Werner Plotzittka in Pillkallen hat vom Arzt einen Sanatoriums-Aufenthalt in Thüringen mit einer Abmagerungskur verschrieben bekommen. Als er davon zurückkehrt und bei seinem Freund Kurt Kattameck vorspricht, lautet seine erste Frage: „Na, bin ich nu majerer jeworden?"

Da antwortet der Freund: „Du bist so majer jeworden, daß du schon zwäimal in de Tür kommen mußt, damit man dich ieberhaupt sieht!"

Sein Gegenteil

Egon Bretschke in Posilge sagt zu seinem Freund Willi Slomma: „Mann und Wäib sind von Natur aus Jejensätze. Ich werde darum nur so äin Marjellche heiraten, die janz und jar das Jejenteil von mir ist!"

Da antwortet der etwas boshafte Freund lächelnd: „Na, Egon, dann suchst du also ein Mädche, das intelligent, klug und schön ist!"

Goethes Werke

Walter Olschewski geht in die Buchhandlung von Gräfe und Unzer in Königsberg, um sich Goethes Werke zu kaufen.

„Welche Ausgabe?" fragt der Verkäufer ihn.

„Ja, wat für ne Ausjabe!" wiederholt Walter. „Da ham Se äijentlich recht. Denn will ick dat Jeld man lieber sparen." Und er verläßt schnell den Laden.

Hausarbeit

Bei Frau Kattanek in Meschkrupchen klingelt ein junges Mädchen an der Haustür und fragt: „Frau Kattanek, ick habe geheert, Sie suchen äin Dienstmädche?"

„Ich mache mäine Hausarbeit immer selber", sagt Frau Kattanek.

„Oh, dann wäre dit hier ja jrade die richtije Stelle für mich!" seufzt das Marjellche.

Die Suppe

Eberhard Jurkschat in Bischofstein hat für den Abend viele Freunde eingeladen. Es gibt auch schön was zu essen. Eine Frau aus der Nachbarschaft, Frau Luise Schaknat, will bei allem ein bißchen mithelfen. Als sie nun die Teller mit der Suppe hereinbringt und auf den Tisch stellt, hat sie das Pech, daß sie Herrn Jendrischeit einen ganzen Teller Suppe über den Anzug kippt.

„Aber Frau Schaknat", ruft der Hausherr da, „nehmen Sie sich doch mit der Suppe besser in acht!"

„Das ist nicht so schlimm", antwortet die Frau, „draußen in der Kieche ist noch äine janze Terrine fast bis an den Rand davon voll!"

Wenn sie ihn betrügt

Ulrich Kaminski in Löwenhagen ist unbannig eifersüchtig. Kurz nach der Hochzeit sagt er zu seiner Frau: ,,Lieselottche, wenn du mich nur äinmal betriejen tust, schnäid ich dir zur Strafe äin Ohr ab! Un mir is et ejaal, wenn du dabäi auch bäide Ohren verlieren wirst!"

,,Was willste denn mache, wenn ich dich awer dräi- oder viermal betrieje?!" lacht Lieselottche.

Fieber und Schüttelfrost

Eine Schwester im Krankenhaus in Gumbinnen sagt zum Arzt: ,,Härr Dokter, ich habe den Mann, der äin so hoches Fieber hat, in die übernächste Stube jebracht, wo der Mann mit dem Schüttelfrost liegt. Vielläicht wird sich die Temperatur der bäiden dann auf äine Normaltemperatur ausjläichen!"

Der neue Mantel

Adolf Pillokeit in Tilsit sagt zu seiner Frau: ,,Was? Du hast dir schon wieder äinen Mantel jekauft? Bedenke doch, es können auch mal schlechte Zäiten kommen!"

,,Dafir habe ich ihn ja jrade jekauft! Denn im Hundertjährigen Kalender steht ausdricklich, daß der Sommer sähr rejenräich säin wird!"

Personalien

Meta Maurischkat aus Krimken wird vor Gericht als Zeugin vernommen. Zuerst werden einmal ihre Personalien aufgenommen. ,,Name?" fragt der Beamte. – ,,Meta Maurischkat." – ,,Verhäiratet?" – ,,Nein!" - ,,Jeboren?" – ,,Ja!"

Was er werden will

Tante Auguste Pawelzik aus Warkallen kommt zu Besuch zur Familie Bernotat in Kampischkehmen. Nun fragt sie den kleinen Jürgen: ,,Na, mäin Jungche, was willste denn werde, wenn de mal jroß bist?"

,,Zuerscht will ich e Dokter werde, denn das will Vater jern. Und dann will ich Koofmann werde, das will Muttche jern. Aber wäiter will ich in der Hauptsach äin Taxischofför werde, denn das will ich sälber jern!" sagt der kleine Bowke.

Das Telefon bimmelt

Mitten in der Nacht bimmelt bei Hans Nabereit in Mulden das Telefon. Hans springt aus dem Bett, nimmt den Hörer ab und nennt seinen Namen. ,,Ach, entschuldigen Sie bitte! Falsch verbunden!" ruft eine Stimme. – ,,Oh, dat schadet nischt", sagt Hans. ,,Ick mußte sowieso aus'm Bett, weil dat Telefon eben jebimmelt hat!"

Die Frage einer Frau

Gerda Gollup in Angerburg stellt sich vor ihren Mann hin und fragt: „Leonhard, liebst du mich sähr?" – „Ja, mäin Jerdiläon, sährr!" –

„Und findste mich hibsch?" – „Aber natirlich find ich dich hibsch!"

„Dann muß ich dir läider sajen, daß du äin Mann bist, der äinen schlechten Jeschmack hat!"

„Aber Kind, wie kommste nur darauf?"

„Schau dir doch mal den Hut an, den ich auf dem Kopf habe! Und gucke dir mäin Kläid an! Wer äine Frau damit hibsch findet, der hat eben käinen Jeschmack! – – – Du, Schatziläin, jibst du mir nu das Jeld fir äinen neuen Hut und äin neies Kläid?"

Küssen ist gefährlich!

Zwei Freunde, Erwin Krokowski und Willi Bartoschat, sitzen in einem Café in Gumbinnen beisammen und unterhalten sich. Nun sagt der eine:

„Ich habe jestern äinen Artikel jeläsen, darin stand, daß das Küssen jarnicht so unjefährlich ist und daß man sich dabei sähr in acht nähmen misse!"

„Das habe ich am äijenen Läib erfahren", bemerkt der andere.

„Am äijenen Läib? Erzähl doch mal!"

„Ja, ich hatte frieher mal äine Fräindin, die war verhäiratet mit äinem Seemann. Und als ich sie äinmal besuchte und so richtig kißte, da kam in dem Aujenblick jerade ihr Mann räin, von dem wir dachten, er wäre uff See. Und da hat der mich denn bäim Krips jekriegt und hat mich die Treppe runterjeschmissen. Und dabäi habe ich mir zwäi Rippen jebrochen! Ja, ja, das Kissen ist schon äine jefährliche Sache!"

Keine großen Sprünge

Der Buchhalter Manfred Waschkowski in Memel geht zu seinem Chef und sagt: ,,Herr Luschnat, kann ich nicht äin etwas höjeres Jehalt kriejen? Mit dem kläinen Jehalt, das ich bäi Ihnen bekomme, kann ich würklich käine jroßen Schpringe machen!"

,,Dat brauchen Sie auch nicht, denn ich habe Sie ja als Buchhalter und nicht als Känguruh anjestellt!" antwortet der Chef.

Wo liegt Bordeaux?

Der Lehrer in Perkunischken fragt im Erdkundeunterricht den Schüler Willi Uschkoreit: ,,Wo liegt Bordeaux?"

,,Bäi mäinem Vater im Wäinkeller!" antwortet der kleine Dojahn.

Auswärts essen?

,,Mir schmeckt es am besten zu Hause", sagt Fritz Lukat in Eydtkau. ,,Näin, ich esse nicht jern im Jasthaus!"

,,Ich dajejen esse recht jern mal auswärts", sagt Kurt Bukowski.

,,Das kann ich nicht bejreifen!"

,,Dann will ich dir sajen, warum", sagt Kurt. ,,Wenn ich in einem Lokal esse, brauche ich wenigstens das Jeschirr nachher nicht abzutrocknen!"

F und V

Der Chef sagt zu seiner Tippmamsell: ,,Christine, Sie haben ja in diesem Brief das Wort Physik mit einem F geschrieben!"

,,Das mußte ich, Herr Bukowski, denn das große V ist auf der Maschine kaputt!"

Vernünftig?

Rudolf Nadolski wird in Pillau als Zeuge vor Gericht vernommen. Der Richter sagt: ,,Herr Nadolski, es ist behauptet worden, daß der Angeklagte ziemlich betrunken war und daß er in seinem Gebraasch lauter dummes Zeug dahergebrabbelt hat. Welchen Eindruck hatten Sie denn nun so selber?"

,,Ich kann nur sajen, Herr Jerichtshof", antwortet Rudolf, ,,daß er auf mich äinen janz vernünftijen Eindruck machte, denn er schimpfte die meiste Zeit doch auf die Polizei!!"

Oh, diese Männer!

Einige Männer haben sich verabredet, zu einem Tanzabend zu gehen und auch ihre Frauen mitzunehmen. Jeder tanzt natürlich auch einmal mit der Frau des anderen, wie es die Höflichkeit erfordert. Als Friedrich Falkowski nun gerade die Frau seines Bekannten so richtig herumschwenkt, will er ihr auch ein Kompliment machen und sagt: ,,Es ist mir ein Vergnügen, gnädige Frau, Sie heute abend endlich auch einmal persönlich kennenzulernen. Ihr Mann hat mir schon viel von seiner lieben Erika erzählt!"

,,Aber ich heiße ja gar nicht Erika", antwortet die Frau, ,,ich heiße Waltraut!"

Nicht aus der Etage!

Hugo Dannat in Danzig ist mächtig in Berta Schwenteck verknallt. Zweimal hat er ihr bereits einen Heiratsantrag gemacht, aber beide Male hat sie ihn hingehalten mit den Worten, sie brauche noch Zeit, sich die Sache zu überlegen. – Heute hat sich der Umstand ergeben, daß er bei Berta einmal in ihrem Zimmer sitzt, denn er hatte etwas bei ihr abzugeben. Nun, so eine günstige Gelegenheit muß Hugo natürlich beim Schopf ergreifen!

Er bittet Berta also zum drittenmal, daß sie seine Frau werden möge. „Und wenn du dieses Mal nicht ja sagst", fährt er fort, „dann nehme ich mir das Leben! Dann springe ich gleich kopfüber hier aus dem Fenster!"

„Das ist ungefährlich", lacht Berta, „denn mein Zimmer liegt ja zu ebener Erde! Und außerdem steht unten ein Busch, so daß du weich fallen wirst!"

„Ja, meinst du denn, daß ich so dumm wäre, aus einem Etagenfenster nach unten zu springen?" sagt Hugo.

Der Lehrling

Otto Brozowski sitzt schon eine ganze Weile beim Barbier in Görkendorf und will sich rasieren lassen. Es sind noch zwei Herren da, die vor ihm an die Reihe kommen. Nun fragt Otto den Barbutz: „Ihr Lehrling steht ja bloß herum und tut jarnischt! Kann der mich denn nicht flink rasieren?"

„Näin, der ist noch nicht so wäit", antwortet der Barbier. „Der kläine Duschak kann noch käin Blut sehn, wenn er äinen Kunden mal in de Backe schnäidet!"

Xantippe

Frau Kapitzki in Heinrikau hat ein paar Freundinnen zum Nachmittagskaffee eingeladen. Nun sitzen sie am Tisch und unterhalten sich. Da kommt plötzlich der kleine Dieter zur Tür herein, und Frau Kapitzki sagt: „Ja, mäin Dieter ist äin kluges Bengelche. Er ist knapp dräi Jahre alt und kann schon die schwierigsten Wörter sprechen. Na, mäin Dieterläin, denn saje doch mal das Wort Xantippe!"

Der Steppke sieht sich nach den Frauen um und fragt dann: „Muttche, wer macht hier denn am mäisten Sträit, so daß ich Zanktippe zu ihr sajen soll?"

Ihr Kinn

Günter Kaffke sitzt mit seiner Frau Alwine im Café Alhambra am Steindamm in Königsberg. Plötzlich sagt Alwine zu ihm: „Jünter, säit unsrer Hochzäit hast du dich aber verändert! Frieher hast du mich, wenn wir hier saßen, mal lieb unter dat Kinn jesträichelt!"

„Frieher hattest du auch bloß äin Kinn, liebe Alwine, und nicht so äin dräidoppeltes wie heute, wo man schwer unterfassen kann!"

Pscht! Pscht!

In einem Sanatorium in Masuren wurde streng darauf geachtet, daß die Kurgäste nach der Mittagsmahlzeit von ein bis drei Uhr ihre Ruhe hatten. Sogar das Sprechen war während dieser Zeit verboten.

Nun fragt Kurt Busack, der hieran nicht denkt, seinen Nachbarn im Liegestuhl: „Wie wirkt denn bei Ihnen die Brunnenkur?"

„Pscht! Pscht!" macht der Nachbar, um auf Stillschweigen hinzuweisen.

„Ja, so wirkt es bei mir auch!" sagt Kurt.

Im Mondschein

Der etwas dummerige Knecht Jochen Kulinna in Katzen geht an einem freien Sonntag ins Nachbardorf, um dort eine Magd, die ihm sehr gefällt, aufzusuchen. Er kommt aber nach kurzer Zeit schon wieder zurück, so daß der Bauer ihn erstaunt fragt: „Na? Schon wieder zerick? Nach so kurzer Zäit?"

„Ich jehe heite abend noch mal wieder hin", sagt Jochen, „und zwar zu äinem Mondscheinspaziergang!"

„Oh, das ist ja äin Zäichen von wirklicher Zunäijung!"

„Ja, das Marjellche hat nämlich jesagt, ich könnt ihr im Mondschein bejegnen!"

Das eine Wort

Ludwig Kottowski trifft seinen Freund Otto Sobottka in der Großen Schloßteichstraße in Königsberg. „Na, Otto, wie jeht's denn zu Haus?" fragt er ihn. „Alles in Ordnung?"

„Mäine Frau spricht schon äine Woche lang käin Wort mehr mit mir", antwortet Otto. – „So? Und warum denn nicht?" –

„Bäi äinem Sträit hab ick ihr in mäiner Uffjeregtheit äin Wort an den Kopp jeschmisse, da war se so beläidigt, daß se nu nich mehr mit mir reden tut!"

„Oh, Otto, dat Wort, dat mußt du mir unbedingt jläich verraten!" drängt Ludwig.

Der Hochzeitstag

Das Ehepaar Werner und Elisabeth Kuhnke in Mirahnen hat heute den zehnjährigen Hochzeitstag. Werner vergißt das natürlich. Als er nun kurz vor Mitternacht ziemlich angetrunken nach Hause kommt, sagt seine Frau: „Na, das ist ja nett, daß wenigstens äiner von uns den Hochzäitstag jefäiert hat!"

Der Salat – heute!

Günter und Adele Ennuschat in Schwiddern sind jung verheiratet. Als sie heute am Mittagstisch sitzen, sagt Helmut: „Mäin Trautsterche, der Salat schmeckt heute so komisch! Haste denn den auch ordentlich jewaschen?"

„Und ob ich den orntlich jewaschen hab, mein Jünter! Ich werde dir doch käinen dreckijen Salat vorsetzen!"

„Er schmeckt aber häite so jediejen!"

„Mäin Kläines Glumskoppche, dir zu Liebe hab ick ihn heite sojar mit Persil jewaschen!"

Komplexe

Manfred Jankowski geht zu einem ihm bekannten Arzt in Tolkemit und sagt: „Herr Dokter, Sie wissen ja, daß mäine Frau an Minderwertigkeitskomplexen läidet!"

„Das wäiß ich, lieber Freind. Und was wollen Sie denn nun noch wissen?"

„Ick möcht jern wissen, wie ick sie behandeln muß, damit sie diese Komplexe behält und nich wieder los wird!"

Gibt es so Dicke?

Willi Bannasch sitzt mit seinem Freund Ernst Granitzki im Café Bauer am Paradeplatz in Königsberg. An einem Tisch in der Nähe löffelt eine auffallend dicke Frau ihren Pams. Da sagt Willi: „Du, Ernst, die Zäitungen schräiben aber manchmal auch dwatschen Quatsch. Da hab ich doch näilich jelesen, äine Frau in Londen hat dräihundert Pfund verloren! Jawoll, dräihundert Pfund!" (Er wußte nicht, daß Pfund auch ein englisches Zahlungsmittel ist.)

Weiße und schwarze Tasten

Der ostpreußische Dorfschullehrer Philipp Kunkat in Neuhausen fährt mit seiner Klasse nach Königsberg und besichtigt die Stadt. Als sie die Schloßkirche betreten und beim Rundgang vor der Orgel stehen, fragt ein Schüler: „Herr Lehrer, warum gibt es auf der Orjel wäiße und schwarze Tasten?"

„Ich wäiß! Ich wäiß!" ruft ein anderer Schüler.

„Na, dann erzähl du es uns!"

„Auf den wäißen Tasten wird jespielt, wenn äine Hochzeit ist – und auf den schwarzen, wenn jemand bejraben wird!"

Die Bitte eines Diebes

Ein Dieb wird bereits zum viertenmal ins Königsberger Gefängnis eingeliefert. Als ihm seine Zelle angewiesen werden soll, sagt er: „Darf ich vielläicht äine Bitte eißern? Ich mechte, wenn es jeht, jern wieder in mäine alte Zelle!" – „Warum denn das?" –

„Ja, wissen Se, ich schlafe so unjern in fremde Betten!"

Das Licht

Ein Lehrer in Lyck nimmt im Physikunterricht die Lichtstrahlung durch. Man erinnere sich, daß die Lichtstrahlen, wenn sie ins Wasser fallen, in einem bestimmten Winkel gebrochen werden.

Nun fragt er: ,,Also, Jungs, was geschieht, wenn das Licht in einem Winkel von dreißig Grad ins Wasser fällt? – Bernt, sag du uns das mal!"

Bernt steht auf und sagt: ,,Dann geht das Licht aus!"

Ein Satz mit Danzig

Leutnant Lampowski, der in Tannenberg in der Nähe des Hindenburgturmes in seinem Garten sitzt, sagt zu seinem Freund, der ihn aus Bartenstein besucht hat: ,,Du, Paul, bilde doch mal einen Satz, in dem das Wort Danzig vorkommt!"

,,Das ist ja kinderleicht, du Glumskopp! Morgen reise ich nach Danzig!"

,,So leicht darfst du es dir aber nicht machen! Nun will ich dir mal einen Satz sagen: Wenn ich auf einem Ball ein hübsches Mariellche kennenlerne, dann danz ich mit ihr!"

Sonntagvormittag

Christian Kankowski in Braunsberg kommt am Sonntagvormittag nach Haus.

,,Na, wie war's denn in der Kirch? Was hat der Paster jepredigt?" fragt seine Frau.

,,Ich war nicht in der Kirch. Ich hab den Majoneck und den Kaleschke jetroffen, und da haben wir Karten jespielt."

,,Haste denn wenigstens wat jewonnen?" – ,,Näi, leider verloren!"

„Siehste! Da haben wir's wieder! Das ist die Strafe dafir, daß de nicht in der Kirche warst!"

„Die andern beiden, die jewonnen haben, sind aber auch nicht in der Kirche jewesen!" sagt Christian.

Bei mir nicht!

Die reichlich rundliche Frau Gesa Grigutsch in Pilchen hat ein neues Dienstmädchen angenommen, Anna Wittke mit Namen. Als Anna ihre Stellung antritt, sagt die Frau: „Das will ich Ihnen auch jleich sajen, Anna, äinen Freind zum Küssen jibt et bei mir nicht!"

„Dat kann ich vaschtehn, jnädije Frau. Ja, wenn ick Ihnen so ansehe, dann sehe ick selbst, zu sowat haben Sie schon längst die Fijur un dat Aussehen nich mehr!"

Die gerettete Schwiegermutter

Am Strand der Kurischen Nehrung geht ein Mann eine Strecke weiter zu einem anderen Mann und redet ihn folgendermaßen an: „Sagen Sie mal, sind Sie derjenige jewesen, der mäine Schwiejermutter, als sie so weit rausschwimmen tat, jerettet hat?"

„Allerdings, dat war ick!" – „Dann will ick Ihnen mal äin Täil sagen: Kümmern Sie sich jefälligst um Ihren äijenen Kram und mischen Sie sich nicht in mäine Familienanjelejenhäiten!!!"

Dafür bezahlt?

Der Chef Otto Budzinski, der eine Firma in Heydekrug leitet, tritt überraschend ins Büro und sieht, daß sein Angestellter die Stenotypistin küßt.

„Na, na, Herr Matutt!" ruft er ihm zu, „mäinen Sie denn, daß ich Sie hier für so etwas bezahle?"

„Für das eben will ich ja auch keinen Pfennig haben!" antwortet Willi Matutt.

Kaum möglich!

„Ja, Herr Kachulke", sagt die Krankenschwester in Klingenberg, „Sie dürfen leider für ein paar Tage jar nischt essen! Das hat der Arzt streng verboten. Aber Ihre Medizin müssen Sie fleißig weiter nehmen!"

„Und wann soll ich die denn nehmen?"

„Jenau, wie es hier auf dem Zettel steht: Immer nach jeder Mahlzeit!"

Ein frommes Marjellche

Ulrich Bilinski erzählt seinem Freund Emil Rogalla: „Mäine Schwester hat schon säit Jahren äine Stellung im Ermland. Du wäißt woll, im Ermland sind ja alle Leite katholisch!"

„Ist däine Schwester denn nun auch katholisch jeworden?"

„Das is se! Und se is nu so fromm, se würd am liebsten den Papst häiraten!!"

Zimmersuche

In Königsberg sind einer Tagung wegen alle Hotels überfüllt. Der Geschäftsreisende Kurt Sobolewski hat sie alle abgeklappert, den Berliner Hof am Steindamm, das Continental-Hotel, den Reichshof usw. Nun fragt er in der Pelikan-Klause am Schloßteich: ,,Haben Sie nicht noch äin Zimmer fräi?"

,,Näin, läider nicht!" lautet die Antwort.

,,Aber wenn nun der Keenig von Preißen käme – dann hätten Sie doch äin Zimmer fir ihn?"

– ,,In dem Falle natürlich – ja!" –

,,Dann geben Se mir dies Zimmer, der Keenig kommt nämlich nicht!!"

Das Trinkgeld

Frau Sosnowski, eine vornehme Dame in Palmnicken, ließ sich ihre Besorgung oft von den beiden Knaben aus dem Nebenhaus machen. Das taten die Jungens gern, denn sie erhielten jedesmal ein gutes Trinkgeld. Einmal aber hatte die Frau es vergessen, das Trinkgeld zu geben.

Die beiden Knaben scheuten sich, sie daran zu erinnern, wußten dann aber durch eine List sich dennoch in den Besitz des Geldes zu bringen.

Vor dem geöffneten Fenster der Frau veranstalteten sie einen Scheinstreit mit einem Wortwechsel, den die Frau hören mußte.

,,Du, Lorbaß, du böser Bowke, du hast das Jeld einjesteckt!" rief der eine.

,,Näi, du hast es, du oller Rabauk, und willst mir nur nuscht abjeben!"

,,Ich hau dir gleich einen Mutzkopp runter! Ja, einen an den Dassel!"

Da rief die Frau aus dem Fenster, sie habe diesmal vergessen, ihnen das Trinkgeld zu geben. Die beiden sollten an die Tür kommen und es sich abholen.

Der Schokoladenapparat

Im Garten eines Gasthauses in Dumbeln sitzen drei Männer an einem Tisch und genießen ihr Tulpche Bier. Der Sohn des einen spielt bei ihnen herum und stellt sich zuweilen auch vor einen Schokoladenapparat, der neben der Eingangstür steht.

Da sagt der eine, Paul Busack mit Namen: „Oha, mäin lieber Jankuhn, Ihr Sohn ist ja wirklich schon schön jroß jeworden!"

„Ja", erwidert Willi Jankuhn, „wenn Sie dem äin paar Dittchen (Groschen) jeben, kann er sie schon janz alläine oben in den Schokoladenapparat stecken! Probieren Sie es doch mal aus!"

Haus mit Garten

Willi Koschorek in Godrienen hat in der Zeitung annonciert, daß er ein Hausgrundstück mit Garten in Speichersdorf bei Königsberg zu verkaufen habe. Ein Interessent erscheint und sieht sich das Haus an.

„Aber, Menschenskind, dies nennen Sie äinen Garten? Der hat ja nur äine Länge und Bräite von äin paar Fuß!"

„Verjessen Sie aber nicht, was fir äine Höhe er hat", bemerkt Willi. „Was die Höhe anbelangt, da jeht er doch bis zu den Wolken hinuff!"

Mitgift

Ein paar Kinder spielen in Willenberg auf der Straße. Da pflückt die kleine Uschi einige Blumen durch den Gartenzaun und sagt: „Du, Alex, laß uns mal Hochzeit spielen! Du bist der Breitijam, und ich bin die Braut!"

,,Dann laß dir aber erst von deine Altern äin paar Dittche (Groschen) jeben!" sagt Alex. – ,,Wozu denn dat?" –

,,Ja, mäinst du denn, daß ich äine Marjell häirate, die wo jar käine Mitjift hat?" ruft Alex.

Hofschneider

Willi Waschkuhn in Guttstadt trifft seinen Freund Ewald Kolletzki auf der Straße und sagt: ,,Wäißt du schon das Neuste? Der Emil Kownatzki is Hofschneider jeworden!"

,,Wat? Und sojar ernannt vom preißischen Keenigshof in Berlin?"

,,Näi, dat nich. Aber ich jing vorhin an säinem Haus vorbäi, und da sah ick, er hatte sich draußen auf säinen Hof – ja, Hof – jesetzt und war dabäi zu flicken!"

Er sagt ,,Sie"!

Die kleine Klara Gerleit in Glommen hat Fleisch vom Schlachter geholt und sagt zu ihrer Mutter: ,,Du, Muttche, ich bin doch erst zwelf Jahre alt, aber heite hat der Schlachter zum erstenmal ,Sie' zu mir jesagt!"

,,Denn so will ich das Fläisch man doch lieber jläich nachwiejen!" sagt die Mutter, die sich für eine Menschenkennerin hält.

Kein ähnliches Foto

Frau Gerlitzki in Ragnit kommt vom Fotografen nach Hause und sagt zu ihrem Mann: „Du, Albert, die Bilder sind wieder nix jeworden! Ich habe doch noch käinen Fotojrafen jefunden, der von mir ähnliche Bilder jemacht hat!"

„Dariber kannste doch wirklich froh säin, mäin Zampelche!" antwortet boshaft der Mann.

Der Deckoffizier

Der Gutsbesitzer Helmut Sobottka stellt einen Gast vor: „Und hier, meine Herrschaften, darf ich Ihnen einen Freund meines Sohnes vorstellen, den Baron von Itzenplitz! An seiner Uniform sehen Sie schon, er ist Deckoffizier!"

„Deckoffizier?" wiederholt Tante Adele. „Ach, so, aus Trakehnen also!" (Wir wollen in Klammern erwähnen, daß die Trakehner Hengste einst sehr berühmte Zuchttiere waren!)

Wer ist das?

Richard Kobialka aus Ditblacken hat einen alten Freund in Königsberg besucht. Die beiden machen einen Spaziergang durch den Schloßpark und sehen dort eine Statue stehen. Der Freund fragt: „Wat for ee Mansch soll denn dat Denkmal da vorstellen?"

„Dat weiß ich ooch nich. Aber wenn de dat jern wisse willst, denn hau doch einfach einen Finger oder ein Stückche vom Ohr ab – denn steht dat morjen in der Keenigsbarjer Zäitung! Und bestimmt auch der Name von der Fijur!"

Schlechte Luft

Baron von Zitzewitz aus Kassubien sitzt mit einem Freund in einem Lokal in der Nähe der Dampferanlegestelle Norderhuk in Memel. Plötzlich rümpft der Freund Werner Wierobski die Nase und fragt: „Sag mal, Barönchen, hast du etwa einen fahren lassen?"

„Ja, natürlich! Oder meinst du etwa, daß ich immer so dufte?" lautet die Antwort.

Starker Tee

Im Café „Juckel" in der Friedrichstraße in Tilsit sagt ein Gast zur Wirtin: „Oha, der Tee ist aber stark!"

„Dann gieße ich Ihnen noch etwas Wasser dazu", sagt die Wirtin.

„Nein, danke, ich will ihn mir lieber mit Rum verdünnen", äußert sich der Gast.

Was sind sie?

Eine Gruppe Soldaten ist in der Nähe des Kurischen Haffs mit schwerer Schanzarbeit für eine Geschützstellung beschäftigt. Ein Rittmeister reitet heran und fragt einen Soldaten: „Was sind Sie?"

„Ich bin Tischler, Herr Rittmeister!"

„Und Sie?" wendet er sich an den zweiten.

„Ich bin Schlosser, Herr Rittmeister!"

„Und Sie?" wird nun der dritte gefragt.

„Ich bin müde, Herr Rittmeister!" lautet die Antwort.

Sparsamer Raucher

Otto Endruschat sagt zu seinem Freund Emil Serwatka, als die beiden in einem Gasthof in Heydekrug bei einem Tulpche Bier sitzen: „Hör mal, Emil, man sieht dich immer nur mit einer Zigarette im Maul! Wird dir da das blöde Gerauche nicht ziemlich teuer?"

„Ich spar ja was ein bei die Zindhölzer und bei das Benzin, indem daß ich jede neue Zigarette an die glühende Kippe von die vorige anzinden tu!" antwortet Emil.

Eine Krankheit

„Es ist furchtbar, was äine Krankhäit äinem an Kosten verursacht", sagt Otto Rotzitzka in Lötzen zu seinem Freund Werner Kieraga.

„Ich habe mal an äiner Krankhäit jelitten, die hat mir sogar janz jut was äinjebracht!" antwortet Werner.

„Ist doch nicht meeglich! Welche Krankhäit war denn das?"

„Der wissenschaftlich Jebildete sagt Kleptomanie dazu", erläutert Otto.

Vorsicht oder Feigheit?

In der Kaserne im Haberberger Grund in Königsberg will der Unteroffizier Kurt Brattka aus Gumbinnen den Soldaten in der Instruktionsstunde den Unterschied zwischen Vorsicht und Feigheit erklären. „Nu hört mal jenau zu und merkt euch das", sagt er zu den Rekruten. „Wenn ihr mal solltet mäinen, äin Vorjesetzter hat Angst, so ist das käine Angst, sondern Vorsicht! – Wenn aber äin jemäiner Soldat bange ist, so ist das erstens Angst und zwäitens Feigheit!!"

Verrückt?

Emil Pakleppa sitzt mit seinem Freund Willi Budnik im Café Liedtke im Tiergarten in Königsberg bei einem Stück Torte mit Schmand. Nun fragt er: ,,Du, Willi, is dat äijentlich, wenn äiner varrickt ist, äin Jrund, daß er jeschieden wird?"

,,Näi, im Jejenteil", grinst Willi, ,,Verrickthäit ist eher äin Jrund, daß so äin Glumskopp häiraten tut!"

Anfang im Rechnen

Der Lehrer Ludwig Rosinski in Kabienen will bei den Kleinen mit Rechnen beginnen. ,,Nu, Rudolf, sag mir doch, wieviel Finger hast du an den Händen?" fragt er.

,,Zehn!" ruft Rudolf wie aus der Pistole geschossen.

,,Und wieviel Zehen hast du an den Füßen, Willi?"

,,Das kann ich nicht zählen, denn ick habe ja Stiefel und Schtrimpf an de Fieß!" antwortet der Bowke.

Der Arm

Leutnant Ostrowski aus der Kalthöfer Kaserne in Königsberg sitzt an einem Tisch im Central-Hotel am Paradeplatz. Nun hat er gezahlt und will gehen. In diesem Augenblick erhebt sich ganz in der Nähe ein hübsches Marjellche vom Sofa.

„Entschuldijen Sie, jnädijes Freilein", sagt der Leutnant, „darf ich Ihnen meinen Arm anbieten?"

„Näin, danke, ich habe bereits äinem anderen Herrn den Arm abjeschlajen!" antwortet das Mädchen.

Speisezimmer

Anna Katharina Kopetz, eine Gutsbesitzersfrau in Kassubien, war sehr darauf bedacht, daß auch in der Art, wie bei ihr gesprochen wurde, die Vornehmheit zum Ausdruck kam. Heute tadelte sie das Dienstmädchen: „Ich habe Ihnen schon wiederholt jesagt, mein glumsköppiges Marjellche, bäi uns häißt es Speisezimmer und nicht Aßzimmer? Und eben haben Sie wieder Aßzimmer jesagt!"

„Aber es jibt doch heite bloß Kartoffelmuus mit Spack, jnä' Frau!" sagt das Riekchen, „da braucht man doch nicht son fürnehmes Gebraasch zu babbeln!"

Der Buchhalter

Werner Karschewski aus Maraunenhof ist Buchhalter in einer Handelsfirma in Königsberg. Heute geht er zu seinem Chef und sagt: „Herr Kasowski, Wäihnachten steht vor der Tire. Da hatte ich äijentlich mit äiner kläinen Jehaltserheehung jerechnet!"

„Kömmt jarnicht in Frage, mäin lieber Karschweski! Näin, da haben Sie falsch jerechnet! Und das sollten Sie doch auch wissen, äin Buchhalter, der falsch rechnet, ist nicht jrade äine jute Stitze des Jeschäfts!!"

Schwarze Hand

Willi Kalledat trifft auf dem Bahnhof in Bischofsburg seinen Freund Paul Parschat. „Juten Tag, lieber Freind!“ ruft er und streckt ihm die Hand entgegen.

Der andere aber hebt seine Hand in Augenhöhe und sagt: „Mäine Hand kann ich dir läider nicht jeben!“

„Oh, ich seh, die ist ja janz schwarz! Bist du unter die Kohlenarbeiter jejangen?“

„Näin, das nicht. Aber mäine Schwiegermudder ist eben abjefahren, ja, dieses dreibastige Blubbermaul, und da hab ich die Lokomotive jesträichelt!!“

Kartoffelpuffer

Frau Kaleschke in Buddern hat heute morgen keine Zeit, weil sie einige wichtige Briefe beantworten muß. Deshalb überläßt sie ihrem Dienstmädchen Anni Kaitschick, unter Zuhilfenahme des Kochbuches, das Mittagessen zuzubereiten. Nach einiger Zeit kommt das Mädchen zur Wohnstube herein und sagt: „Bäi dem Rezept steht, man soll zu de Puffers alte Kartoffeln nehmen. Wir haben unsere Kartoffeln doch erst vorije Woche jekriegt! Sind die denn alt jenug?“

Schöne Toiletten

In Königsberg ist Ball. Die Damen haben sich auf das Schönste ausstaffiert. Ein Offizier äußert zu seiner Tänzerin die Bemerkung: „Scheene Toaletten hier, nicht wahr, jnädijes Freilein?“

„Ich wäiß nicht“, antwortet das Marjellche, „ich bin noch uff käine druff jewesen!“

Neue Stellung

Heinz Rammonat hat in Tapiau seine neue Stellung in einem Büro angetreten. Am dritten Tag gerät er sich mit dem Buchhalter Bandilla bös in die Wolle.

„Ja, jlauben Se denn, daß ich äin Dummerjahn und Glumskopp bin?“ ruft ihm der Buchhalter zu.

„Das kann ich noch nicht beurtäilen“, ruft Heinz zurück, „ich bin ja erst säit vorjestern hier!“

Um Geld raten

Hannes und Heinrich sitzen auf einer Bank am Königsberger Hafen. „Langwäilig heite!“ murmelt Hannes.

„Ja, sähr langwäilig! – Laß uns doch mal um Jeld raten, damit die Zäit äin bißken anjenehmer verjeht!“

„Raten? Wieso mäinst du das?“

Heinrich greift in seine Tasche und hält Hannes dann die geschlossene Hand hin. Dabei sagt er: „Wenn du rätst, wieviel Jeld ich nu in der Hand hab, jehört die Mark dir!“

„Ach näi“, antwortet Hannes, „wat soll ich mir wejen äiner Mark erst den Kopp verrenken!“

Ehrlich

Ein Pastor in Gumbinnen hat in der Konfirmandenstunde das 7. Gebot behandelt. Da führt ein Knabe das Sprichwort an: Ehrlich währt am längsten. Sogleich meldet sich ein anderer Knabe, der Sohn eines Geschäftsmannes, und sagt: „Ja, dat stimmt! Dat hat mäin Vater auch jesagt: Wenn man ehrlich bläiben will, dauert es am längsten, bis man es zu wat jebracht hat!“

Nicht meckern!

Manfred Nowitzki in Goldap kommt nach Haus und fragt seine Frau: ,,Na, Pauline, mäin Trautsterche, wat jibt es denn heite zu assen?"

,,Heute wirst du bestimmt nicht über das Assen mekkern, mein Duschackle! Heite jehn wir mal in äinen Jasthof, und da kannste dir ja nach der Späisekarte das beste aussuchen und e Tulpche Bier dazu trinke!"

Ist sie reich?

Werner Kunkat aus Klackendorf trifft seinen Freund Ernst Orlowski in der Herrenstraße in Cranz und sagt: ,,Du hast mir doch näilich erzählt, du hättest in däinen Ferien äin hibsches Marjellche kennen jelernt. Sagtest du nich auch, sie wäre räich?"

,,Dat habe ick nich jesagt. Ich hab bloß jesagt, sie hat mehr Jeld als Verstand!!"

Das Maul stoppen

Meta Mischkewitz in Hanshagen schilt ihren Mann aus: ,,Du Bowke, ich finde es unerhört, daß du unserem Dienstmädche äinen Kuß jejeben hast! Sowat jehört sich doch nicht!"

,,Du hast aber doch sälber jesagt, mäin Trautsterche, dat Mäke macht viel zu viel Jebraasch, und ich sollt ihr man mal ornlich dat Blubbermaul stoppe!"

Pilze

Geert Kulikoff aus Labiau ist zum Militär eingezogen und liegt in der Keethöfer Kaserne in Königsberg. Nun hat er von einer Feldübung einmal einen Beutel voll Pilze mit nach Hause gebracht, die besonders seinem kleinen Bruder Werner vortrefflich gemundet haben. Nach der Mahlzeit sagt Werner: ,,Nu wäiß ick, wat ick werden will! Ich jehe zu de Soldate und sammel da immer Pilze!"

Etwas Nettes!

Irene Kuberka in Workeim sagt zu ihrer Freundin: ,,Du, Adele, neulich beim Tanzen hat ein Mann aber einmal was Nettes über dich gesagt!"

,,So? Und was hat er denn über mich gesagt?"

,,Er hat jesagt, du siehst mir ähnlich!"

Reinmachen

Die ostpreußischen Männer sind ebenso wenig davon begeistert, wenn sie ihren Frauen beim Großreinemachen im Frühling helfen sollen wie die Männer anderer Landschaften. So fragt in einer Königsberger Handelsfirma der Angestellte Walter Ostrinski seinen Chef: ,,Verzeihung, Herr Padlowski, mäine Frau hat morjen jroßes Räinemachen. Und da mechte ich Sie fragen, ob ich morjen fräi kriejen kennte, um ihr zu helfen!"

„Aber mein lieber Ostrinski, wir haben doch hier viel zu tun! Sie sind bäi mir anjestellt, und ich kann Ihnen läider käin fräi jeben!“

„Haben Sie vielen Dank, Herr Padlowski! Ich habe ja jleich jehofft, daß Sie sich auf mäine Säite stellen wirden!“

Amanda geht zu Bett

Der Herr Baron von Itzenplitz in Groß Jägersdorf liebte die Geselligkeit und lud daher oft Gäste bei sich ein. Nun hatte er ein neues Dienstmädchen bekommen, das Amanda Meerpahl hieß. Beim ersten Geselligkeitsabend war sie, als sie die Zeit für gekommen hielt, stillschweigend zu Bett gegangen, obwohl man sie später noch benötigte.

Die Frau Baronin sagte ihr am nächsten Morgen: „Amanda, wenn du dich zurückziehst, muß du uns aber Bescheid sagen, damit wir es wissen!“ –

Als kurz danach wieder Gäste beisammen waren, ging plötzlich die Tür auf, und Amanda rief: „Na, jute Nacht denn allerseits! Ick jehe nu schlafen!“

Frau Baronin tadelte das am folgenden Morgen und sagte: „Amanda, du darfst nicht so laut brüllen, wenn du uns erzählst, daß du zu Bett gehst! Das mußt du auf eine taktvolle Weise mit leiser Stimme machen!“

Als dann nach einiger Zeit wieder ein Gästeabend stattfand, öffnete gegen zwölf Amanda vorsichtig die Tür, schlich sich zu dem Herrn Baron hin und flüsterte ihm leise ins Ohr, doch immerhin laut genug, daß auch die anderen es verstehen konnten: „Herr Baron, ich mechte Ihnen nur mitteilen, daß ich jetzt ins Bett jeh!“

Ihr Badekostüm

Frau Lipka in Kermuschienen tritt aus der Tür und sagt zu ihrer wesentlich jüngeren Nachbarin, die sich im Garten zum Sonnen in einen Lehnstuhl gesetzt hat: „Liebe Frau Freikowski, wirden Sie mir wohl äinen Jefallen tun?“ – „Aber jern doch! Welchen denn?“ –

„Könnten Sie nicht, wenn Sie sich hier sonnen, Ihr hibsches Badekostüm anziehen?“

„Aber ich wäiß nicht, warum? Ich lieje hier doch auch so janz jut!“

„Wissen Sie, die Sache ist die: Ich mechte jern, daß mäin Mann das Jras auf dem Rasen endlich mal mäht! Und zu dieser Arbeit wird ihn der Anblick Ihres hibschen Badeköstums bestimmt verlocken!“

Drei Gaben

Familie Sniehotta in Pomehrendorf bringt einen Onkel aus Wormdit, der bei ihr auf Besuch gewesen war, nach dem Bahnhof. Als der Zug in der Ferne sichtbar wird, reicht Otto Sniehotta dem Onkel eine Flasche Kognak hin und sagt: „Auf daß du nicht verdurstest!“

Frau Sniehotta überreicht ihm eine Schachtel mit Weinbrandkirschen und sagt: „Auf daß du nicht verhungerst!“

Da hält die kleine Luise ihm ein Blumensträußchen hin und sagt: „Auf daß du nicht verduftest!“

Telefongespräch

Ein ostpreußischer Junker telefoniert in Ortelsburg mit einer Baronin in Groß Köllen. Zum Schluß sagt er: „Ich muß Sie iebrijens noch vielmals um Entschuldijung bitten, mäine Jnädigste!“

„Und warum denn?"

„Ja, es ist in mäinem Zimmer so unerträglich häiß, so daß ich mir erlaubt habe, mich zu erdräisten, in Hemdsärmeln mit Ihnen zu telefonieren. Entschuldijen Sie bitte vielmals!"

Das Korsett

Paula Pulewka, die Frau eines Inspektors in Trempen, hat sich in Gerdauen ein Korsett gekauft. Sie legt es an und muß sich dabei sehr schnüren. Dann geht sie in das Zimmer ihres Mannes und sagt: „Sieh doch mal, Arwin, bin ich nech nu sehr schlank? Der Bauch is weg!"

„Ja, das stimmt! Aber nu sag mir ooch, wie willste denn, wenn der Bauch weg is, dein Essen verdauen?"

Braun geworden

„Na, Paul, däine Frau war doch am Strand bäi Neukuhren und ist ja jestern zurickjekommen. Ist se denn schön braun jeworden?"

„Oh ja, die ist braun jeworden! Sojar ihre Zunge ist auch mit braun jeworden, weil se doch bei ihrem vielen Jebabbel un Jebrabbel un Jebraasch immer ihr Blubbermäulsche ufmachen muß!"

Der taube Knabe

In Insterburg spielte sich folgender Vorfall ab. Willi Matutt ging mit seinem zwölfjährigen Jungen zum Arzt Dr. Drenknat und behauptete, ein Lehrer habe seinen Sohn derart geohrfeigt, daß dieser das Gehör verloren habe. Der

Arzt möge ihm das bescheinigen. Der Arzt rief dem Jungen mehrere Male laut etwas zu, der aber sagte nur, er habe nichts gehört.

Daraufhin griff der Arzt zu einer List. Er sagte zu seiner Helferin: „Dann wollen wir ihm man ein paar Löcher in den Kopf bohren. Aber zu diesem Zweck müssen wir ihm die überflüssig gewordenen Ohren abschneiden!"

„Näin, näin, näin!" schrie nun der angeblich taube Bowke und rannte entsetzt zur Tür hinaus.

Das Scheusal

Paul Kadruleit in Sutzken lebt mit seiner Frau in keinem guten Einvernehmen. Es ist dauernd Streit zwischen den beiden. Nun steht Frau Kadruleit, die übrigens ein Urbild an Häßlichkeit ist, vor dem Spiegel, betrachtet sich lange und eingehend und murmelt dann: „Ja, ja, dieses Scheisal, diese scheißliche Hexe, jönne ich ihm von janzem Herzen!"

Bakterien im Obst

Auf dem Gut des Grafen Eulenburg war ein Professor aus Königsberg zu Gast. Heute als Nachtisch gab es Kirschen. Der Professor tauchte jede Kirsche, bevor er sie in den Mund steckte, in ein Glas Wasser. Zur Erläuterung sprach er folgenden Satz: „Am Obst sind nämlich immer viele gesundheitsschädliche Bakterien. Deshalb muß man es waschen, bevor man es ißt!"

Als alle Teller geleert waren, führte der Professor in Gedanken das Glas an den Mund und trank in einem Zug das Wasser aus, in dem er die Kirschen gewaschen hatte.

Abgelehnt!

Irene Bialluch, ein sehr schmuckes Marjellche, sitzt mit ihrem Freund Leopold Enseleit im Gasthof „Zur Hütte" am Steindamm in Königsberg.

Nun sagt sie: „Mein Leopoldche, wollen wir nicht heute abend mal wieder in ein nettes Lokal jehen, wo auch jetanzt wird? Vielleicht in die Jubiläumshalle in der Koggenstraße?"

„So?" knurrt Leopold. „Und nur, damit du da wieder mit allerlei blöden Affen rumflirten und rumpussieren kannst!"

„Aber, Leopolche, mein Liebling, das brauch ich doch nicht! Ich hab doch dich!!"

Das Telegramm

Anita Kaldereit steht auf dem Postamt in Lautern. Sie will ein Telegramm an ihren Verlobten aufgeben und reicht dem Beamten das von ihr beschriftete Formular hin.

„Verzäihung, Sie haben so undeitlich jeschrieben, daß ich den Text nicht lesen kann!" sagt der Postbeamte.

„Das macht nix", antwortet Anita, „mäin Breitijam kann mäine Schrift jut lesen!"

„Was hatte er an?"

Willi Wirschun in Maldeuten geht bei seinem Freund Emil Militschke vor. Emil hat gerade die Schnapsflasche in der Hand, und Willi merkt, daß er ordentlich einen hinter die Binde gekippt hat.

„Nu trink doch nicht so viel, Emil", sagt er. „Das Saufen bringt ja die Menschen janz von de Fieß! Ja, ich bin eben über äinen jestolpert, der duun auf dem Bürjersteig lag!"

„Was hatte der an?" fragt Emil. – „Eijne braune Jakke!" –

„Äine braune Jacke?" knurrt Emil. „Dann kann ich's ja nich jewesen säin!!"

Statt drei nur noch eine

Werner Nadolski, ein Bauer aus der Gegend von Klein Schardau, lernt in der Gaststätte Steffen und Wolters in Königsberg einen Drogisten kennen. Auf drei kahle Stellen auf seinem Kopf zeigend, fragt er ihn: „Mäinen Sie, daß es äin Haarwuchsmittel jibt, das ich bäi mir jebrauchen kennte?"

Der Drogist empfiehlt ihm eins, und der Bauer kauft es in seinem Laden. – – – Zwei Jahre danach hat er wieder etwas in Königsberg zu erledigen. Er geht bei dem Drogisten vor und sagt: „Erinnern Sie sich, daß ich vor zwäi Jahren bäi Ihnen äin Haarwuchsmittel jekauft habe?"

„Doch, ich erinnere mich."

„Damals hatte ich dräi leere Stellen am Kopf. Heite hab ich nur noch äine!"

„Da sehen Sie, wie jut mäine Ware ist!"

„Sehen Sie sich doch spaßeshalber mal diese äine Stelle an!" sagt der Bauer, nimmt seinen Hut ab und zeigt eine riesige Glatze.

Venedig

Peter Stoppek in Tingen erzählt seinem Freund Gerd Bublitz von seiner diesjährigen Reise nach Italien: „Ja, im alljemeinen war unsere Räise nach Italien sähr schön. Bloß in Venedig hatten wir Pech. Es muß da kurz vorher äine ziemliche Iberschwemmung jejeben haben, denn viele Straßen standen so doll unter Wasser, daß man sojar mit Booten darauf fahren konnte!"

Bewährung

„Tag, Paul! – Na schon wieder aus dem Kittchen entlassen?"

„Ja, mir haam se Bewährung jejeben."

„Wie lange?" – „Dämliche Frage! Natierlich so lange, bis sie mich bei äiner Klauerei wieder bäim Kanthaken kriejen!"

Entlarvung des Diebes

Bei einer geselligen Veranstaltung auf einem ostpreußischen Gutshof in Kassubien stellte es sich heraus, daß ein wertvolles Schmuckstück verschwunden, vermutlich gestohlen, war. Zur Entlarvung des Diebes verfiel der Hausherr Werner Wischnewski auf eine sehr kluge List. Er bat alle Gäste, den Kopf unter den Tisch zu stecken, und fragte dann: „Haben alle Gäste den Kopf nun unterm Tisch?"

Alle riefen einstimmig: „Ja!"

„Hat auch der Dieb seinen Kopf unterm Tisch?"

Unwillkürlich rief hier der Schuldige „Ja!" und wurde durch diese List entlarvt.

Das schlechteste Essen

Werner Jaschinski betritt ein Restaurant in Trappen und sagt: „So, Herr Wirt, nun bringen Sie mir mal das schlechteste Essen, was Sie haben!"

„Das schlechteste? – Ich begreife nicht, wie man so etwas extra bestellen kann!"

„Sie müssen nämlich wissen, mein Bandwurm hat mich maßlos geärgert. Und nun möchte ich dem blöden Driffke mal ordentlich eins auswischen!"

Ein Auge zudrücken

Frau Mikoleit in Großkosel klagt Frau Beilicke: „Mäin Mann macht mir in letzter Zäit allerläi Sorgen. Uff alles, was wäiblich ist, schmäißt er säine Aujen!“

„Ach was, die Mannskerls, diese Lappse und Labommels sind nu mal so! Da missen Se eben mal äin Auje zudricken!“

„Ich dricke ja schon das äine Auje zu – aber mit dem zwäiten sehe ich dann immer noch viel zu viel!“ gesteht Frau Mikoleit.

Die Zahnprothese

Der alte Bauer Jürgen Kletzien hat eine Zahnprothese bekommen. Am nächsten Tag erscheint er wieder bei seinem Zahnarzt Uschkamp in Pupinnen und sagt: „Das Ding, was Sie mir da ins Maul reinstaffiert haben, ist noch nicht richtig, Herr Doktor!“

„Klemmt es denn? Oder sitzt es nicht gut?“

„Jut sitzen tut es, und klemmen tut es auch nicht. Aber da muß noch an richtiger Stelle ne Lücke rin, wo ich mäine Tabakspfeife rinhängen kann!“

Das erste Menschenpaar

Der Lehrer Werner Fidorra in der Schule in Schirwindt fragt in der Klasse seine Kleinen: „Wie hieß der erste Mann?“

„Adam!“ ruft eine Schülerin.

„Richtig! – Und du, Ilse, sag du uns nun, wie die erste Frau hieß!“

„Die erste Frau hieß dann natürlich Frau Adam!“ antwortet Ilse.

Die besorgte Tante

Dieter Majewski, der in Quednau wohnt, kommt von einem Besuch bei seiner Tante Adelheit Kankowski zurück.

„Na, wie war's denn da in Kahlau?“ fragt der Vater ihn. „Hat die Tante Adelheit dich gut versorgt?“

„Ja, die war sehr besorgt um mich“, antwortet Dieter. „Jeden Tag hat sie mich ein paarmal gefragt, ob ich denn nicht Heimweh nach Hause hätte!“

Mann mit Glatze

Zwei Freundinnen, Anita Klabuhn und Lusie Maurischat, begegnen sich in Nautzwinkel auf der Straße.

„Nu, was sagst du dazu, daß die Ulrike Kopischke einen Baron jehäiratet hat?“ fragt Anita. „Der Mann hat doch so äine jroße Jlatze, daß äine janze Armee von Fliejen darauf tanzen kann! Ja, der hat doch einen Kopp wie einen Vollmond!“

„Das wundert mich jarnicht! Näi, käin bißken!“

„Wieso? Warum sagst du denn dat?“

„Die Ulrike war doch als Kind schon immer mondsüchtig! Da ist doch äin Mann mit Jlatze jerade dat äinzig richtije fir sie!!“

Was sie stört!

Klaus Klabuhn in Rabenau sagt zu seiner Tochter: „Du, Ulriekje, es schäint mir, daß der Herr Stankewitz äin Auje auf dich jeworfen hat! Wie jefällt er denn dir?“

„Ich finde, er ist ein richtiger Lorbaß! Ja, ein einjebildeter Labommel! Er ist so stolz, als wenn er der Käiser von Schina wär!"

„Er hat aber äine völlig äinwandfräie Verjangenhäit und äine sährr jesicherte Zukunft!"

„Dat mag säin! Aber wat nützen mir Verjangenhäit und Zukunft, wenn ich säine Jejenwart nicht mag!!"

Der erste Abend

Anita Lubowski in Rabenau fragt ihre Freundin: „Na, Ilse, wie war denn der erste Besuch deines neuen Bekannten aus Prowehren?"

„Ach, ziemlich langweilig!"

„Langweilig? Und wodurch denn?"

„Er bemühte sich, äinen juten Äindruck zu machen. Und da mußte ich natürlich auch äinen juten Äindruck machen! Und auf diese Wäise ist es denn äin ziemlich langwäilijer Abend jeworden!"

Alteingesessenes Geschlecht

Der sehr adelsstolze Baron von Zitzewitz hat auf seinem Rittergut in Kassubien Besuch von einem Freund, von Rudolf Kallweit aus Liebenfelde. Mit vor Stolz geblähter Brust erzählt er zum wiederholten Male: „Ja, ja, mäine Familie ist ein sehr altäinjesessenes Jeschlecht!"

„Das merkt man, wenn man sich hier auf das Sofa oder in einen der Sessel setzt!" bestätigt der Gast. „Die Polster sind nämlich auch schon sehr altäinjesessen!"

Die Hauptsache

Ein Hotelbesitzer in Königsberg will, um mehr Gäste anzulocken, bei sich auch Künstler auftreten lassen. Nun steht eine Sängerin vor ihm, und er sagt: ,,Na, Frolleinchen, denn zeigen Se mir man erst mal Ihre Beine! Und wenn die meinen Ansprüchen jenüjen, können wir ja auch mal sehen, wat mit Ihrer Stimme los ist!"

Beim Arzt

Rudolf Hudoffski aus Spanden sitzt vor einem Arzt in Königsberg. ,,So, mein Lieber", sagt dieser, ,,nun atmen Sie mal ganz tief ein und aus und sagen Sie dabei langsam dreimal einundzwanzig!"

Rudolf atmet tief ein und aus und sagt: ,,Dreiundsechzig!"

Das Rezept

Das Ehepaar Tamuschat in Tolkemit hat eben zu Mittag gegessen, und die Frau trägt die Nachspeise auf. Der Mann verputzt sie mit Genuß und sagt: ,,Nie hat däin Pudding so jut jeschmeckt wie heite, mein Trautsterche! Hast du das Rezept aus dem Kochbuch?"

,,Näi, das habe ich vorjestern abend im Konzert jehört. Zwäi Damen, die hinter mir saßen, die haben es sich erzählt!"

Der Diener in Berlin

Der ostpreußische Graf Elard von Oldenburg-Januschau erwarb noch im Alter von 75 Jahren ein Auto. Er schickte dann einen seiner Bedienten zu einem Fahrkursus nach Berlin. Bei der Abreise schärfte er ihm ein: ,,Und paß auch jut auf, mäin Sohn! Berlin ist äine sährr jefährliche Stadt! Und wenn du da solltest irgendwie unmoralisch werden, so haue ich dir die Knochen im Leib kaputt!" –

Als der Diener zurückkam, erzählte er einem Berufskameraden: ,,Berlin ist äine markwirdije Stadt. Da haben sährr hibsche Damen auf der Straße oft versucht, mich anzulocken. Aber der jnädije Herr hat es mir ja verboten!"

Musterung

Der Herr Baron von Pankewitz junior wird gemustert. Er steht unbekleidet vorm Stabsarzt, der ihn untersucht und zum Schluß sagt: ,,Umdrehn! Bücken!" Dann ruft er dem Schreiber zu: ,,K.v.!"

Da richtet sich der Baron wieder auf und sagt: ,,Entschuldijen Sie mäine Bemerkung, Herr Doktor, aber das hätten Sie mir auch jern direkt ins Jesicht sajen können!!"

Er überlegt

Martin Matuschka in Beydritten bei Königsberg erzählt seinem Freund Albert Malecka aus Warglitten: ,,Ich überlege, ob ich mir nicht auch einen Wagen zulege, etwa einen Mercedes."

,,Aber Menschenskind, das kannst du dir doch bei deinem kleinen Gehalt als Postangestellter nicht leisten!"

,,Wieso? Das Überlegen kostet doch keinen Pfennig!"

Das ging nicht!

Der Pastor Lojewski in Bockmühle in Reußen, Kreis Mohrungen, hält auf der Straße einen Mann an und sagt: „Zu meinem Bedauern habe ich gehört, mein lieber Malkowski, daß Sie sich mit Kaudolka in eine Schlägerei eingelassen haben!“

„Der Kaudolka hat aber anjefangen, Herr Pastor! Ja, er hat mir äinfach äine int Jesicht jehauen!“

„In der Bibel steht aber geschrieben: Wenn dich jemand auf die eine Backe haut, so halte ihm auch die andere hin!“

„Das ging in diesem Falle nicht, Herr Paster! Der verflixte Lorbaß hat mir auf die Nase jehaun, und eine zweite Nase konnte ich ihm doch nicht hinhalten!!“

Vergnügen?

„Kennen Sie eigentlich meine Frau?“ fragt Bruno Budzinski in Leipen einen Berufskameraden. Die Antwort lautet: „Ich hatte bisher noch nicht das Vergnügen, Ihre Frau kennenzulernen!“

„Na, als ein Vergnügen würde ich das bestimmt nicht bezeichnen!“ gesteht Bruno.

Pech beim Frühstück

Der Ostpreuße Willi Schmadke aus Schimonken hat in einem Hotel in Berlin übernachtet. Beim Frühstücken hat er das Pech, den Topf mit Sahne umzustoßen, die auf das Tischtuch und dann gar auf den Teppich fließt. Da ruft er die Kellnerin und sagt zu ihr: „Trautstes Marjellchen, mir ist eben der Schmandpott umjekejelt! Die Salwiett und der Teppich sind nu äine Glums! Holen Se schnell den Wischkodder!“

Die Kellnerin geht zum Wirt und sagt: „Da drüben sitzt ein Ausländer, den ich nicht verstehen kann!“

Einsilbig?

Käthe Kunkel, die Frau eines Lehrers in Postnicken, sagt zu ihrem Mann: „Ach, Max, du hast immer nur deine Schule im Kopf! Aber was ist zwischen uns beiden? Nein, ich finde dich zu und zu einsilbig!"

„Du brauchst nur anstatt Max zu mir Maximilian zu sagen, wie ich auch auf meinem Geburtsschein heiße! Dann bin ich nicht mehr einsilbig, sondern fünfsilbig!!"

Schwerhörigkeit

Wilhelm Bogarski in Mattenau sagt zu seinem Freund Otto Orlowski: „Sag mal, Otto, mit deiner Schwerhörigkeit wird es ja immer schlimmer! Willst du denn nicht mal zum Arzt gehen?"

„Nee, nu nich mehr! Nu auf keinen Fall!"

„Und warum denn nicht?"

„Iwo, ich werd mich hüten! Nu, wo doch meine Ollsch grade anjefangen hat, Jesangstunde zu nehmen!"

Alles verloren!

Ein Kaufmann in Trakehnen gesteht seinem Schwiegersohn: „Mein lieber Leonhard, ich muß dir ein Geständnis machen. Mein Geschäft ist pleite! Ich besitze keinen Pfennig mehr. Ich habe leider alles verloren!"

„Oh, das tut mir aber leid! Nun, dann sollste nicht auch noch deine einzige Tochter verlieren! Sage ihr, daß ich darum die Verlobung somit als gelöst betrachte!"

Schlimmes Auge

,,Was machen denn äijentlich däine dräi Söhne, Heinrich?"

,,Ach, der äine hat jerade äin schlimmes Auje!"

,,Und die bäiden anderen?" – ,,Wieso die bäiden anderen? Zwäi Aujen hat der Mansch doch nur, und dat andere is jesund!"

Nachwort

Jede Landschaft – auch manche Großstadt wie etwa Berlin und Hamburg – hat ihren eigenen Humor. Der Humor ist aus dem bodenständigen Volkstum erwachsen. Er gibt ein Spiegelbild des Volkscharakters und zugleich der sozialen und allgemein menschlichen Verhältnisse, die in der betreffenden Landschaft herrschen. Wo er Mängel gewahrt, darauf richtet er den Pfeil seines Spottes. Eitelkeit, Dummheit, Hochmut, Ungerechtigkeit und andere Fehler und Schwächen überliefert er dem Gelächter. Humor ist eine Waffe und zugleich ein Schutzmittel gegen die Schattenseiten des Alltags.

Dies alles gilt auch für den ostpreußischen Humor, von dem wir hier allen Freunden des Humors – nicht nur den Ostpreußen – charakteristische Proben vorlegen. Der ostpreußische Humor ist derb, kräftig und gesund wie das Land selbst. Er ist angriffslustig, wo er den Hochmut und die Eitelkeit, den Dünkel und die Dummheit des Junkertums oder Offizierstandes verspottet. Aber er ist niemals hinterhältig und tückisch, sondern immer offenherzig und geradeheraus, so daß er ein fröhliches Lachen hervorruft.

Der Verfasser studierte Volkskunde und belegte an der Universität besonders solche Übungen, in denen Aufzeichnungen aus dem Volksmund gemacht wurden. Dies wurde sofort bei ihm zu einem Steckenpferd, das er leidenschaftlich pflegte. Auf Radfahrten, Wanderungen und sonstigen Reisen ging er etwa seit dem Jahr 1925 in allen deutschen Landschaften – so auch in Ostpreußen – dieser Leidenschaft nach und brachte eine Sammlung von Tausenden von Einzelstücken in der Kurzform des Humors zusammen. Dieser Band bringt eine Auswahl davon. Zweitens enthält er Stücke, die er sich von vielen, vorwiegend in Norddeutschland lebenden Ostpreußen erzählen ließ.

Während es Sammlungen von Humor in der Kurzform in fast allen Landschaften gibt, fehlen unseres Wissens solche für Ostpreußen. Denn die Gedichte und Geschichten im Sinne der „Klumse und Klopse" gehören in eine andere Rubrik.

Millionen von Ostpreußen mußten durch tragische Umstände ihre schöne Heimat verlassen und leben in der Bundesrepublik. Sie haben ihre alte Heimat nicht vergessen. Für alle Deutschen aber ist und bleibt Ostpreußen schon durch die Politik ein aktueller Begriff.

In den Dialogen hat der Verfasser die Eigenheiten des ostpreußischen Dialektes wiedergegeben. Hier ein paar Hinweise für nichtostpreußische Leser: ei = äi oder eij (ein = äin oder eijn), ü = ie (über = ieber), ö = ee (schön = scheen), e ist oft a (Wetter, Königsberg = Watter, Keenigsbarg), eu = ei (heute = heite), g = j (gegangen = jejangen).

Und nun möge dies Buch vielen Ostpreußen und darüber hinaus auch vielen Lesern aus anderen Landschaften Freude bereiten!

Carl Budich